www.tredition.de

AF197882

Daniel Reiser

dranbleiben

vom Glauben, Zweifeln und Hoffen

www.tredition.de

© 2011 Daniel Reiser

Umschlagbild: © 2011 Daniel Reiser

Verlag: tredition GmbH
ISBN: 978-3-8424-0105-1
Printed in Germany

Bibliografische Information der Deutschen Nationalbibliothek:
Die Deutsche Nationalbibliothek verzeichnet diese Publikation in der Deutschen Nationalbibliografie; detaillierte bibliografische Daten sind im Internet über http://dnb.d-nb.de abrufbar.

Inhaltsverzeichnis

Vorwort

Ob das was ich geschrieben habe, jemanden interessieren wird, kann ich nicht sagen. Mancher wendet zu Recht ein, dass es doch schon genügend Bücher zu diesem Thema gibt. Trotzdem habe ich mich daran gemacht, meine Gedanken zu sortieren und niederzuschreiben – besonders um sie mit Menschen teilen zu können, die mich näher kennen.

Obwohl ich denke, in meinem Glauben einen festen Grund gefunden zu haben, fiel es mir nicht immer leicht, vorbehaltlos „dranzubleiben". Es gab Zeiten, die vielmehr vom „Zweifeln und Hoffen" geprägt waren, als von der Gelassenheit, die man glaubenden Menschen so leicht nachsagt.

Einige Kapitel dieses kleinen Buches haben sich deshalb zu einer Art „autobiographischer Apologie" entwickelt: Einer Verteidigungsrede des christlichen Glaubens, die sich allerdings nicht streng wissenschaftlich mit den Themen beschäftigt, sondern eher in meinem Leben verankert ist. Mir geht es nicht darum, komplexe Sachgebiete umfassend abzuhandeln – was ich aus Mangel an Fachwissen auch nicht könnte. Ich möchte vielmehr meine persönliche Auseinandersetzung mit solchen Fragen und meine Suche nach Antworten darlegen.

Ich bin mir nicht sicher, ob es überhaupt nötig ist, die Lehren der Bibel verteidigen zu wollen. Was daraus im Laufe der letzten Jahrhunderte geworden war, gehört zu den dunklen Punkten der Kirchengeschichte.

Im Laufe meines Lebens war es aber immer wieder nötig, meinen Glauben gegenüber „mir selbst" zu verteidigen. Beginnt man nämlich als Erwachsener darüber nachzudenken, was man als Kind kritiklos übernommen hatte, kann einen das gehörig aus der Bahn werfen. Zu diesen „Verteidigungsreden" gehören sicher die Gedanken, die ich in den Kapiteln „Schöpfung und Evolution" und „Warum ich der Bibel glaube" dargelegt habe.

Die anderen Kapitel erzählen davon, wie ich „Glauben, Zweifeln und Hoffen" in ganz alltäglichen Dingen erlebe. Dabei nehmen mich die Banalitäten des Lebens manchmal so gefangen, dass ich mich frage, ob ich mit den großen Dramen des Lebens zurecht kommen würde.

Weiter möchte ich darüber schreiben, wie ich dazu gekommen bin, Christ zu werden und zu bleiben. Aber auch darüber, wovor ich Angst habe und was mir Anlass zur Hoffnung gibt und – warum Laufen allein nicht glücklich macht.

Am Ende ist nun eine Sammlung unterschiedlicher Themen entstanden, die eigentlich nicht zusammenpassen, aber alle zu mir gehören und mich zu bestimmten Zeiten sehr beschäftigt hatten.

Mein Anspruch ist nicht, mit meinen „Weisheiten" allgemeingültige Wahrheiten weiterzugeben, oder mir etwa einzubilden, mein Leben wäre so interessant, dass sich die Beschäftigung damit lohnen würde. Mein Wunsch ist aber, dass sich vielleicht jemand in dem Gesagten wiederfindet und sich dadurch etwas in seinem Inneren bewegt.

Vielleicht macht das kleine Buch Mut, sich mit dem Grund des Lebens zu befassen, Fragen zu stellen und am Ende kleine oder auch große Antworten zu finden.

Es kann sein, dass ich im Rückblick nicht mehr jedes Detail vollkommen korrekt wiedergeben kann, oder manches sogar bewusst übertreibe. An den Grundaussagen wird sich dadurch, wie ich meine, nichts ändern.

Daniel Reiser, im Dezember 2011

Dranbleiben

Spannung liegt in der Luft. Was der junge Rabbiner zu sagen hat, ist revolutionär und klingt anstößig für die Ohren der Zuhörer. Keiner weiß, wie das religiöse Establishment reagieren wird. Noch während er zu ihnen spricht, wenden sich die Zuhörer langsam – einer nach dem andern – von ihm ab und verlassen den Ort, an dem Ungeheuerliches gesagt worden war. Menschen, die schon lange mit ihm gegangen waren, können seine harten Aussagen nicht mehr ertragen. Am Ende bleiben nur seine engsten Freunde übrig und schauen ihn verwirrt an. Zögernd stellt er ihnen die unausweichliche, im Raum stehende Frage: „Wollt ihr auch weggehen?"

Was hatte die Menschen so schockiert an seiner Rede? Waren es die Konsequenzen für ihr Leben, zu der er sie aufrief? Waren es seine drastischen Vergleiche, mit denen er seine Aussagen deutlich zu machen versuchte? Wie kann jemand davon sprechen, dass man sein Blut trinken und sein Fleisch essen müsse? Oder war es sein ungewöhnlicher Anspruch, Gott gleich zu sein zu wollen?

Seine engsten Freunde sind trotzdem geblieben. Es muss gute Gründe dafür gegeben haben, sich gegen die Masse zu stellen. Gründe, die es lohnenswert machten, sich auf die Seite eines Außenseiters zu stellen.

Warum bin ich geblieben? Es gab Zeiten, an denen es mir schwerfiel, zu glauben und nicht wegzulaufen - in ein ganz normales angepasstes Leben. Ein Leben ohne hohe moralische Ansprüche und ohne die Vorstellungen anderer Menschen darüber wie man als sein Nachfolger zu leben habe. Lohnt es sich wirklich, das Leben heute auf jahrtausendealte Worte auszurichten, von denen die Wissenschaft so viele in Frage stellt? Zweifel kamen auf, ob ich mir das Ganze nicht einfach nur eingebildet haben könnte. Sollte Gott am Ende doch nur Projektion menschlicher Sehnsüchte – eine imaginäre Stütze für schwache Gemüter sein?

Und dabei schien es Menschen zu geben, die solche Fragen nicht hatten. Sie lebten ihren Glauben so selbstverständlich, ohne je in ernste Schwierigkeiten geraten zu sein. Begeistert erzählten sie davon, dass Gott ihre Gebete erhören würde und ihr Leben durch ihn im Alltag geführt werde. Gottesdienste seien das Größte für sie und sie erlebten Gottes Gegenwart, Sonntag für Sonntag, in der Kirche. Solche Erzählungen konnten meine Fragen nicht beantworten, sondern vertieften eher nur die Unsicherheit.

Die Freunde des Rabbis damals, gaben eine erstaunliche Antwort: „Wohin sollten wir gehen, du hast Worte des ewigen Lebens!" Man würde meinen, dass es bessere Gründe gegeben haben könnte. Wie können es nur Worte sein, die Menschen dazu bewegen, Widerstände zu ertragen und einfach so dabei zu bleiben? Immerhin lebten die Männer eine Konsequenz, welche manche von ihnen am Ende in einen grausamen Tod führte.

Wenn ich darüber nachdenke, bin ich aus demselben Grunde noch immer dabei. In Situationen, wo Zweifel und Fragen auftauchten, geschah es immer wieder, dass Worte des ewigen Lebens hinein sprachen und Veränderung brachten – uralte Worte – die Fragen heute lebender Menschen zu beantworten in der Lage sind. Worte – die nicht nur Fragen beantworten, sondern Kraft zum Leben bedeuten. Kraft – die nicht aus dem Inneren des Menschen sondern von außen kommt und damit über eine positive Lebenshaltung hinaus tatsächlich weiterhilft und Grenzen erweitert.

Ich wünsche mir, dass davon etwas auf den folgenden Seiten spürbar sein wird.

Vom Zweifeln zum Glauben

In unserer Gesellschaft gibt es viele Menschen, für die Christentum und Kirche zu ihrem Leben gehören. Manche praktizieren ihren Glauben eher für sich selbst und besuchen die Kirche an Festtagen wie Weihnachten und Ostern. Sie nehmen die 10 Gebote ernst und richten sich nach den Aussagen Jesus in der Bergpredigt, indem sie versuchen ihre Feinde zu lieben und mit allen Menschen gut auszukommen.

Andere gehen Sonntag für Sonntag in den Gottesdienst und verbringen viel Zeit mit ehrenamtlicher Arbeit in den Gemeinden. Sie lesen in der Bibel und beten regelmäßig, in der Hoffnung, dass Gott sie hört und in ihr Leben eingreift.

Es hat Zeiten gegeben, in denen ich versucht hätte, „Christen" zu sortieren und den Glauben Einzelner anhand meiner Kriterien zu bewerten. Ich habe gelernt (so hoffe ich wenigstens), dass Gott mit Menschen ganz individuell umgeht und niemand sich anmaßen darf, den Glauben eines Anderen beurteilen zu wollen.

Trotzdem gibt es so etwas wie eine gemeinsame Basis, welche alle Christen im Wesentlichen akzeptieren würden.

Ein wichtiger Aspekt dabei ist, dass Gott den Menschen nahekommen und in eine Beziehung zu ihnen treten möchte. Der Weg dazu führt über Jesus Christus, der durch seinen Tod am

Kreuz und seine Auferstehung Menschen und Gott miteinander versöhnt hat. (So wie ich das sehe, zeichnet diese Zuwendung Gottes zu den Menschen das Christentum gegenüber anderen Religionen aus.) Als Jesus auf der Erde lebte, rief er deshalb Menschen auf, aus ihrem normalen Leben auszubrechen und ihm zu folgen. Ein römischer Zollbeamter gab seinen gutbezahlten Job auf, nachdem ihn Jesus in seinem Baumversteck angesprochen hatte. Handwerker ließen ihre Werkzeuge liegen und folgten dem jungen Rabbi – ohne zu zögern.

Jemand, der sich als Christ bezeichnet, muss sich daher fragen lassen, ob er in einer Beziehung zu dem menschgewordenen Gott steht – ob er ihm sozusagen „nachfolgt". Die Antwort auf diese Frage kann aber jeder nur für sich selbst geben. Ich möchte nun davon berichten, wie ich zu dieser Beziehung kam.

Seit ich denken kann, hatte ich mit Christen zu tun. Mein Großvater kam, wie man schön fromm zu sagen pflegt, „als junger Mann zum Glauben", überlebte Krieg und Gefangenschaft und brachte sich in der Zeit des Wiederaufbaus in eine evangelische Freikirche ein.

Auf seinem Motorrad fuhr er in der Gegend von Stuttgart umher und predigte auf seine manchmal etwas chaotische, aber sehr ansprechende Art in den kleinen Gemeinden im Umkreis. Meine Eltern nahmen mich schon als Kind in die Gottesdienste mit, wohin ich eigentlich auch gerne ging. Allerdings nicht weil mir die

Predigten so gut gefallen hätten, sondern weil ich dort meine Freunde treffen konnte.

Mitte der siebziger Jahre befand sich die Welt im kalten Krieg und die Spannung dieser Zeit war nicht nur in der Gesellschaft sondern auch in den Gemeinden zu spüren. Prediger sprachen davon, dass die Zeit der Apokalypse angebrochen und das Ende der Welt nahe wäre. Christen wurden in den Ländern des Kommunismus verfolgt und man hatte Angst, dass dem Westen Ähnliches bevorstehen könnte. Keiner wollte damals die Zuhörer beunruhigen, jedoch waren die Menschen in echter Sorge um den Zustand der Welt. Sie brachten die Berichte der Offenbarung (dem letzten Buch der Bibel) und die Vorhersagen der Propheten des Alten Testaments mit tagespolitischen Begebenheiten in Zusammenhang und schossen mit ihren Interpretationen dabei auch über das Ziel hinaus. Als Kind hatten mich diese etwas düsteren Aussagen durchaus in Angst versetzt.

Jahre später ist die Mauer zwischen Ost- und Westdeutschland gefallen und der Kommunismus zog sich nach Nordkorea zurück. Heute kann man sich diese Stimmung von damals nicht mehr wirklich vorstellen.

Trotz dieser auch belastenden Zeiten bin ich mit dem Gedanken aufgewachsen, einen Vater im Himmel zu haben, der mich lieb hat und bei dem ich geborgen bin. Ich fühlte mich in der Gemeinde wohl, brachte mich ein und hatte Spaß mit meinen Freunden. Ich betete, las in der Bibel und besuchte auch regelmäßig die Gottesdienste.

Als Teenager rückte das Bild des liebenden Vaters allmählich in den Hintergrund – der Glaube war nur noch wichtig, um am Ende nicht auf der falschen Seite zu stehen. Die Begeisterung fehlte und es blieb die Angst, keine Fehler zu machen. Der Grund dafür war aus heutiger Sicht, dass ich zwar vieles wusste und manches praktizierte, aber noch keine existentielle, lebensverändernde Erfahrung mit Gott gemacht hatte. Ich hatte noch nicht begriffen (ich sollte besser ergriffen sagen), dass Jesus „Worte des ewigen Lebens" für mich ganz persönlich hat.

Wäre es hier nicht weiter gegangen, hätte ich die ganze Sache irgendwann hingeworfen. In einem Abendgottesdienst (ich muss wohl 16 gewesen sein) sangen einige US-Amerikaner in unserer Gemeinde. Man kann es kaum glauben: Mir hatten diese etwas angestaubten Lieder, mit zaghaften poppigen Anklängen, tatsächlich gefallen. Sie sangen, wie ich es schon oft gehört hatte, von Gottes Liebe zu den Menschen, die groß und wunderbar sein solle: „How great, how marvellous is God's love for me".

Am nächsten Tag musste ich wie immer zur Schule. Meistens fuhr ich mit der Straßenbahn, Linie 1, vom „Österreichischen Platz" bis zur „Staatsgalerie" und ging dann zum Königin-Katharina-Stift. Wenn das Wetter schön war, bin ich gerne auch zu Fuß gegangen. Mein Lieblingsweg führte über den Schlossplatz in Stuttgart, links am neuen Schloss vorbei, durch den Stadtpark in Richtung Großes Haus (die Oper von Stuttgart).

Es muss wohl dort gewesen sein, als mir der Liedtext vom Vorabend wieder eingefallen war. Die Textzeile „How great is God's love for me" ging mir nicht mehr aus dem Kopf.

Sollte Gottes Liebe auch mir gelten? Auf einmal war dies keine offene Frage mehr, sondern tief in meinem Inneren zur Gewissheit geworden. Oft schon gehört, vielleicht selbst jemanden zugesagt, habe ich an diesem Tag im Park das erste Mal wirklich gespürt, was Gottes Liebe für mich persönlich bedeutet. Mit dem Bewusstsein, dass der Schöpfer dieser Welt zu mir stand, bekam mein Leben einen Sinn, der weit über das seither Bekannte hinausreichte.

Die Angst davor auf der falschen Seite zu stehen und vielleicht am Ende doch zu verlieren, hatte sich mit diesem Tag erledigt. Freude über die bedingungslose Annahme durch meinen Schöpfer und wirkliches Glück erfüllten mich, wie noch nie zuvor in meinem Leben. An diesem Tag vor der Oper in Stuttgart habe ich mit meinem ganzen Sein begriffen, dass Gott mir nahe ist und mich nicht verlassen wird.

Im Rückblick würde ich heute sagen: Obwohl ich schon getauft und Gemeindemitglied gewesen war, hat mein Leben als Christ erst hier begonnen. Ich wusste zwar als „Freikirchler der dritten Generation" alles über den Glauben und hatte doch bis dahin keine wirkliche Begegnung mit Gott erlebt.

Solche Erfahrungen haben viele gemacht, auch wenn sich die Erlebnisse unterscheiden. Gott geht sehr behutsam mit dem Einzelnen um und begegnet jedem Menschen gerade so, wie er es braucht. (Diese Aussage werde ich noch manchmal wiederholen!) Es geht deshalb nicht darum, andere kopieren zu wollen, sondern Gott aufrichtig zu suchen und ihn dann persönlich zu erleben.

Eines sollte ich hier noch einmal klarstellen: Im Laufe meines Lebens kamen immer wieder Fragen und Zweifel auf – sonst würde es dieses kleine Buch nicht geben. Trotzdem blieb meine Erfahrung im Park die Grundlage, auf die ich mich immer wieder zurückziehen konnte. Seine Zusage an mein Leben hat Gott nie zurückgenommen, auch wenn ich mich ab und zu von ihm entfernt habe.

Wissenschaft und Glaube

Neulich kramte ich meine alten Schulzeugnisse heraus und war wieder einmal überrascht, wie durchschnittlich – um nicht zu sagen schlecht – ich über weite Strecken in der Schule gewesen war. Insbesondere die wichtigen Fächer Mathematik, Physik und Englisch schienen nicht meine Stärke gewesen zu sein. Als ich meinen damaligen Physiklehrer zaghaft fragte, ob er mir empfehlen könne, sein ehrwürdiges Fach zu studieren, meinte er trocken: „Den Nobelpreis werden sie nicht bekommen"!

Am Ende habe ich dann trotzdem diesen Weg eingeschlagen und mit viel Unterstützung meiner Kommilitonen und meines Gottes ein sehr ordentliches Diplom (was das ist, weiß in Zeiten des „Batschalors" keiner mehr) erhalten. Die damalige Delle in der Konjunktur verhinderte den direkten Einstieg in die Industrie, weshalb sich an mein Studium eine mehrjährige Promotionszeit an der Universität Stuttgart, mit mäßigem Gehalt, aber sehr viel Spaß, anschloss.

Am II. Physikalischen Institut beschäftigte ich mich also mit dem Verhalten von Elektronen in Halbleitern, die ich mit Hilfe von Magnetfeldresonanzmethoden (was für ein Begriff!) untersuchte. Nach etwa vier Jahren waren die Messungen abgeschlossen und die Auswertung der Daten begann.

Um das Folgende besser verstehen zu können, muss ich an dieser Stelle einen ersten Exkurs in die Grundlagen wissenschaftlichen Arbeitens einfügen.

Zur Auswertung physikalischer Messungen werden einfache Modelle benötigt, auf die sich das Verhalten einer komplexen Wirklichkeit abbilden lassen. Ein Beispiel für ein solches Modell ist der in der Mechanik gebräuchliche „Massepunkt". Ich hoffe, dass sich der eine oder andere noch an dieses sperrige Konstrukt aus dem Physikunterricht erinnert. Soll zum Beispiel der freie Fall komplizierter Körper, wie Elefanten oder Omnibusse, beschrieben werden, könnte man auf die Idee kommen, dass die äußere Form der Gegenstände Einfluss auf deren Flugbahn haben könnte. Dies ist auch richtig, wenn man den Luftwiderstand berücksichtigt. Lässt man diesen aber außer Acht, verhalten sich das Tier und das Fahrzeug so, als ob (man beachte den Konditional!) deren gesamte Masse an einem Punkt konzentriert wäre. Die Ausdehnung der Körper kann also zunächst vernachlässigt werden und man kommt trotzdem zu vernünftigen Ergebnissen, was die Flugbahn betrifft. Ich finde das sehr erstaunlich (hier kommt die Stelle, wo meine Kinder ihren Vater in der Regel mitleidig anschauen) und FASZINIEREND, dass man zur Erklärung bestimmter Vorgänge tatsächlich so tun kann, als ob sich lebende Wesen (also große Elefanten), wie Punkte ohne Ausdehnung verhalten!

Auch zur Auswertung meiner Messungen habe ich solche Modelle verwendet. (Sollte sich tatsächlich jemand dafür interessieren, verweise ich auf meine Dissertation. Allerdings werde ich nicht mehr in der Lage sein, Nachfragen beantworten zu können. Wenn ich heute in meinem „Werk" blättere, frage mich, wer um alles in der Welt das geschrieben haben könnte.)

Eine für mich prägende Erfahrung beim Zusammenschreiben meiner Doktorarbeit war schließlich, welche Schwierigkeiten auftauchen können, wenn man genaue Vorhersagen und zweifelsfreie Interpretationen machen will. Passten die Messergebnisse endlich in das eine mathematische Modell, ergaben die daraus berechneten Parameter in einem anderen Modell für den gleichen physikalischen Sachverhalt andere Resultate. Je nachdem, wie man die freien Parameter wählte, konnten die aus den Modellen abgeleiteten Ergebnisse um einen Faktor Zwei variieren. Diese Unsicherheit kann einen Wissenschaftler tatsächlich zur Verzweiflung bringen.

Selbst die Erforschung toter Materie bot also ausreichend Raum für Interpretation und lieferte am Ende Modellvorstellungen, die nicht eindeutig waren.

Ich frage mich seit dieser Zeit, wie ein Arzt nach längstens 30 Sekunden - sozusagen noch beim Eintreten in das Besprechungszimmer - ohne mich anzusehen, eine genaue Diagnose nebst zugehöriger Medikation zu stellen in der Lage ist, wo ich doch mit der Untersuchung von nicht lebenden, verglichen mit dem menschlichen Körper geradezu simplen Kristallen, immerhin Jahre zugebracht habe und trotzdem nur in einigen wenigen glücklichen Fällen, eindeutige Aussagen machen konnte.

Diese Erfahrung begründete in mir eine – wie ich finde – gesunde Skepsis gegenüber menschlichem Forschen und absoluten Aussagen aller Art. Leider bringt meine seit dieser Zeit ausgeprägte Charaktereigenschaft, immer anzunehmen, dass alles viel komplizierter sei, als man vordergründig ahnt, Menschen, die näher mit mir zu tun haben, regelmäßig zur Verzweiflung.

Kommen wir nun zum eigentlichen Thema dieses Kapitels. Beschäftigt man sich als Christ intensiver mit Physik, muss man sich früher oder später mit dem Verhältnis zwischen Glaube und Wissenschaft auseinander setzen. Beide Disziplinen schließen sich doch – zumindest nach landläufiger Meinung – grundsätzlich aus. Ich hoffe, die nun folgende Betrachtung des Konflikts kurz halten zu können, sodass alle Leser, die damit kein Problem haben, über der Lektüre nicht einschlafen. Dies sollte mir eigentlich gelingen, weil ich nur die Dinge darlegen möchte, die mich ganz persönlich beschäftigt hatten. Gerne können sich diejenigen, denen das richtigerweise zu oberflächlich erscheint, in die einschlägige Literatur vertiefen.

Warum kommt also der Glaube gegenüber der Wissenschaft in aller Regel so schlecht weg?

Wir haben uns daran gewöhnt, nur Sachverhalte, die sich mit den Sinnen und dem Verstand erfassen lassen, wirklich ernst zu nehmen. Eine große Skepsis empfinden wir gegenüber jedem, der Dinge für wahr hält, die sich einer objektiven Bewertung mit Mitteln der Wissenschaft entziehen. Die scheinbare Überlegenheit dieser Weltsicht ergibt sich auch daraus, dass Ingenieure auf Basis des menschlichen Wissen unglaubliche Dinge bauen können. So vergisst man leicht, dass viele grundlegenden Fragen nicht beantwortet sind. Wenn ich daran denke, wie beschränkt dieses Wissen tatsächlich ist, frage ich mich, ob es ausreicht, um die Welt und das menschliche Leben zu erfassen.

Christen empfinden es auf der anderen Seite als Anmaßung, wenn Wissenschaftler in der Beschreibung der Natur das Eingreifen eines Gottes zunächst ausschließen. Dabei war es gerade dieser sogenannte „methodische Atheismus" der den wissenschaftlichen Fortschritt erst ermöglichte. In längst vergangenen Jahrhunderten waren zunächst Götter für die Vorgänge in der Welt verantwortlich. Damit entzogen sich weite Bereiche der Natur der Erforschung durch den Menschen. Unter dem Einfluss der christlichen Kirche verbot später das blinde Festhalten an antiken Autoritäten, wie Ptolemäus und Aristoteles, eine freie Forschung – mehr noch: Wissenschaftler wurden für ihre Arbeit umgebracht. Erst das Aufgeben eines göttlichen Einflusses in das Naturgeschehen ermöglichte das wissenschaftliche Arbeiten, wie wir es heute kennen.

Befreit von den Beschränkungen der Kirche, begann der Siegeszug der Wissenschaften. Mit großem Selbstbewusstsein wurde im 19. Jahrhundert die neue, so erfolgreiche Weltanschauung auf alle Bereiche des menschlichen Lebens übertragen und etablierte sich als alleinige Sicht der Dinge. Eine Deutung der Natur auf Basis des christlichen Glaubens schien nicht mehr zeitgemäß zu sein.

Nach Jahrhunderten der Unkenntnis wähnte sich die Wissenschaft nun nahe daran, die Welt auf der Grundlage mechanischer Gesetze und der Maxwellschen Elektrodynamik vollständig erklären zu können.

Es war am Ende meiner Schulzeit (kann es tatsächlich sein, dass es schon fast 30 Jahre zurückliegt?) als ich in diesem Zusammenhang vom „Dämon" des Mathematikers Laplace hörte.

Er dachte in etwa Folgendes:

Gäbe es einen „Dämon", der alle Zustände der Welt zu einem Zeitpunkt kennen würde, könnte dieses Wesen daraus alle unmittelbar folgenden Zustände der Welt berechnen. Wüsste es also zum Beispiel alle „Bewegungsparameter" einer Katze in einem Augenblick, könnte es daraus ableiten, wohin das Tier im nächsten Moment springen würde. Mit dieser Sicht übersah man jede Art von nicht-materiellen Einflüssen in der Welt und hatte die Grenzen der Naturwissenschaft endgültig überschritten.

Zu Beginn des 20. Jahrhunderts begannen die großen Physiker Nils Bohr, Werner Heisenberg und Max Planck mit der Erforschung von Atomen, was schließlich zur Entwicklung der Quantenmechanik führte. Im Rahmen dieser Theorie lernten die Wissenschaftler, dass auf atomarer Ebene nur statistische Aussagen möglich sind. Betrachtet man zum Beispiel den radioaktiven Zerfall von Atomkernen, kann man sehr wohl angeben, nach welcher Zeit nur noch die Hälfte der Kerne vorhanden sein wird (nämlich nach Ablauf einer Halbwertszeit). Es ist allerdings unmöglich, Aussagen darüber zu treffen, wann ein einzelner Atomkern tatsächlich zerfallen wird.

Damit zog der Zufall wieder in die Naturbeschreibung ein. Selbst wenn der „Laplacesche Dämon" alle Zustände der Welt in einem Augenblick hätte kennen können, gäbe es auf atomarer Ebene grundsätzlich nicht vorhersehbare, nur mit Mitteln der Wahrscheinlichkeitsrechnung erfassbare Vorgänge. Die rein mechanische Naturbeschreibung bekam dadurch einen empfindlichen Dämpfer.

Diese Erkenntnis war für mich damals der erste Schritt, als Christ etwas selbstbewusster der Wissenschaft gegenüber zu sein. Wenn es Grenzen der Naturwissenschaft gibt, kann es Realitäten geben, die sich außerhalb der Wissenschaft befinden. Das Ganze hatte damals immerhin zu einem Artikel in der Schülerzeitung mit dem aus heutiger Sicht etwas fragwürdigem Titel „Einstein oder Elohim?" geführt.

Wir haben gesehen, dass die Statistik in der modernen Physik eine entscheidende Rolle spielt. Ein weiterer wichtiger Gesichtspunkt in der Auseinandersetzung zwischen Naturwissenschaft und christlichem Glauben ist das, unter wissenschaftlichen Laien weit verbreitete, unkritische Vertrauen in die Beweisbarkeit der physikalischen Gesetze. Um das zu verstehen, müssen wir uns mit der Frage beschäftigen, wie man eigentlich zu wissenschaftlicher Erkenntnis kommt.

Jeder Mensch hat eine Art Vorverständnis für die Zusammenhänge der Natur. Man könnte dies auch als den „guten Menschenverstand" bezeichnen, wobei dieser gerade in der modernen Physik zu falschen Ergebnissen führt. Jeder ahnt zum Beispiel, dass ein Apfel vom Baum auf den Boden und nicht zum Himmel fällt (ach was). Dabei hat man das dumpfe Gefühl, dass er umso schneller am Boden aufschlägt, je höher der Baum ist. Mit einiger Beobachtung und systematischer Untersuchung käme man dann auf die Gesetze des freien Falls und könnte den Zusammenhang zwischen Masse, Erdbeschleunigung, Fallhöhe, Aufprallgeschwindigkeit und Schuhgröße des Experimentators herstellen. Ginge man noch einen Schritt weiter, würde man sehen, dass es im Grunde auf die Masse gar nicht ankommt, sondern Körper im Vakuum unabhängig von der Masse beim Fallen gleich schnell werden. Der Grund dafür ist die Äquivalenz zwischen schwerer und träger Masse (der Leser möge mir diese nicht weiter ausgeführte Abschweifung verzeihen).

Schließlich ist aus dem Vorverständnis eine Theorie in Form eines mathematischen Zusammenhangs geworden, die man mit neuen Experimenten überprüfen kann. Ganz egal an welchem Ort der Erde oder in welchem Jahrhundert der Baum stehen würde – man könnte nun die gewonnen Gesetze anwenden und die Fallgeschwindigkeit für jede Baumhöhe ausrechnen. Im Grunde ist mit diesem der „Der Apfel-fällt-vom-Baum-Experiment" alles Wichtige ausgesagt.

Um das Ganze noch etwas genauer fassen zu können, müssen wir noch über einen weiteren Begriff – das Axiom – reden: Ein Axiom ist eine grundlegende Annahme, auf der sich eine Theorie aufbauen lässt. (Die Äquivalenz zwischen schwerer und träger Masse im obigen Beispiel ist ein solches Axiom.) Dabei handelt es sich wirklich nur um eine Annahme, die der Intuition des Wissenschaftlers entspringt und grundsätzlich nicht beweisbar ist.

Ein Axiom kann sich aber im Laufe der Zeit bewähren oder auch als falsch erweisen. Eines der wichtigsten Axiome in der modernen Physik stammt von Isaac Newton und erscheint auch dem normal begabten Menschen völlig selbstverständlich zu sein: Ein Körper verharrt im Zustand der Ruhe oder bewegt sich in gleicher Richtung, mit gleicher Geschwindigkeit fort, sofern er nicht durch auf ihn einwirkende Kräfte zur Änderung dieses Zustands gezwungen wird. Das erfahren wir immer dann, wenn die Straßenbahn bremsen muss und die Fahrgäste nach vorne fallen.

Man kann nun aus dem Axiom eine Vielzahl überprüfbare Sätze ableiten (diese Ableitung nennt man Deduktion) und sich dazu Experimente ausdenken. Nimmt man obiges Axiom von Newton ernst, sollten Eisschollen, die man auf einer Eisfläche gleiten lässt, nur aufgrund der sehr geringen Reibung im Laufe der Zeit zum Stehen kommen. Ein Raumschiff – einmal im Weltall beschleunigt – würde immer weiter fliegen, ohne je langsamer zu werden. Tatsächlich beobachtet man bei Eisschollen und Raumschiffen genau das aufgrund des Axioms erwartete Verhalten.

Kann man nun endlich von „Beweisen" reden? Leider nein. Das Axiom hätte sich zwar bestätigt, wäre aber nicht bewiesen. Man müsste letztendlich alle denkbaren Tests, an jedem Punkt der Erde, zu allen Zeiten durchführen, um am Ende von einer bewiesenen Theorie sprechen zu können. Karl Popper hat in seinem Buch „Logik der Forschung" ausführlich dargelegt, dass das nicht möglich ist. Seiner Meinung nach können wissenschaftliche Theorien nur verworfen (falsifiziert), aber nie abschließend bewiesen (verifiziert) werden. Dies gilt umso mehr für Wissenschaften, die sich mit historischen Tatsachen beschäftigen, da hier die Möglichkeiten zu experimentieren, stark eingeschränkt sind.

An dieser Stelle angelangt, löste sich für mich der letzte grundlegende Konflikt zwischen Glaube und Naturwissenschaft auf. So wie am Anfang jeder Theorie eine nicht beweisbare Grundannahme steht, geht der Glaube von der Existenz eines personalen Gottes aus. Auf Basis dieses „Axioms" ist es möglich, Erfahrungen zu machen, welche im Umkehrschluss die Annahme plausibel erscheinen lassen. Auch hier kann man nicht davon reden, dass die Existenz Gottes bewiesen wäre (obwohl viele Christen das gerne hätten). Glauben heißt, so tun „als ob" es einen Gott gäbe, der sich für mich persönlich interessiert, um dann zu sehen, was geschieht.

Selbstverständlich bleiben viele Fragen zum Beispiel bei der Betrachtung der Herkunft des Menschen offen. Trotzdem sind meiner Meinung nach christlicher Glaube und Naturwissenschaft im Grunde vereinbar.

Ich möchte zum Abschluss dieser nun doch etwas länglichen Betrachtung Karl Popper selbst zu Wort kommen lassen. In seinem Buch „Logik der Forschung" findet man die – wie ich finde – großartigste Zusammenfassung des grundlegenden Problems jeder Wissenschaft:

> *So ist die empirische Basis der objektiven Wissenschaft nichts „Absolutes"; die Wissenschaft baut nicht auf Felsengrund. Es ist eher ein Sumpfland, über dem sich die kühne Konstruktion ihrer Theorien erhebt; sie ist ein Pfeilerbau, dessen Pfeiler sich von oben her in den Sumpf senken, aber nicht bis zu einem natürlichen, "gegebenen" Grund.*

> *Denn nicht deshalb hört man auf, die Pfeiler tiefer hineinzutreiben, weil man auf eine feste Schicht gestoßen ist: wenn man hofft, dass sie das Gebäude tragen werden, beschließt man, sich vorläufig mit der Festigkeit der Pfeiler zu begnügen.*

Von Kindern, Angst und Hoffnung

Eigentlich bin ich kein ängstlicher Mensch. Ich lebe jeden Tag in der „Gegenwart", ohne mir große Gedanken über die „Zukunft" oder die „Vergangenheit" zu machen. Im Grunde ist dies eine sehr entspannte Art, die Welt zu sehen, obwohl sie nicht immer den Realitäten gerecht wird.

Ich bin sehr dankbar, dass ich im Laufe meines Lebens noch keine existenzielle Krise durchleben musste. Möglicherweise haben aber manche, die folgende Zeilen lesen, schon wirkliche Schicksalsschläge erlebt. Angesichts dessen was andere Menschen ertragen müssen, wundere ich mich manchmal darüber, welche Kleinigkeiten mir ernste Schwierigkeiten bereiten können. Auf die Gefahr hin, dass es Menschen in extremen Lebenslagen zu einfach vorkommt, traue ich mich trotzdem, eine steile Behauptung aufzustellen: Die Hoffnung, zu der wir Anlass haben, reicht aus, um mit kleinen und großen Katastrophen des Lebens zurecht zu kommen. Von dieser Hoffnung möchte ich nun gerne erzählen.

Wie ich schon sagte, bin ich eigentlich kein ängstlicher Mensch. Es gibt aber einen Bereich in meinem Leben, wo mich die Angst überfallen kann: Kinder.

Bevor ich Kinder hatte (den nächsten Satz mögen mir meine Eigenen verzeihen) wäre ich vermutlich gut ohne sie ausgekommen. Sobald sie aber das Licht der Welt erblickt hatten, konnte ich mir ein Leben ohne sie nicht mehr vorstellen. Wenn auch nur eines von ihnen ein paar Tage bei einem Freund übernachtete, hatte ich das Gefühl, in einem leeren, einsamen Haus zu wohnen.

Kinder zu haben, gehört zu den Erfahrungen, die man nicht aus Büchern lernen kann. Die Gefühle der Freude, des Glücks, das Lachen, sowie die Trauer, die Angst und manchmal die Verzweiflung kann man sich nicht durch intensives Studium aneignen, sondern muss man erfahren. Kinder verändern das Leben und sind anstrengend – der Tag wird mit jedem Kind ein bis zwei Stunden länger.

Kinder zu haben, ist auf der andern Seite ein unglaublicher Reichtum: Erhöht man doch dadurch – so einfach wie sonst auf keinem anderen Weg – die Anzahl der Menschen, die einen lieben.

Von einem Tag auf den anderen war also alles ganz anders:

Ich war Vater!

Ein kleines Bündel Mensch lag hilflos (und schreiend) in meinem Arm.

Wer das nun Folgende liest, wird leicht feststellen, dass es sich hier nur um meine Probleme handelt. Meine Frau, die den weitaus größeren Teil der Erziehung getragen hat, geht bis heute mit den meisten Dingen besser um als ich.

Mit zwei Jungs und zwei Mädels (also gefühlten sechs Kindern) ergaben sich ungeahnte Möglichkeiten, Angst zu haben. Ich möchte nicht von der Angst vor realen Gefahren reden, in denen ein Kind sich etwa im Straßenverkehr verletzen oder durch ein Gewaltverbrechen getötet werden könnte. Ich bin ganz froh, dass ich nicht immer gleich vom Schlimmsten ausgehe, wenn Sohn oder Tochter, nächtens – Stunden später als vereinbart – erst auftauchen. Es gibt aber Ängste, die lähmend sein können, obwohl sie nicht an die Existenz gehen und auch nicht gleich lebensbedrohend sein müssen:

Ich mag Ferien.

In den Ferien gibt es keinen Schulstress. Man muss morgens nicht so früh aufstehen (es lebe die Gleitzeit) und kann ganz entspannt frühstücken (mir ist das Entsetzen mancher Frühaufsteher nicht entgangen). Es gibt keine Hausaufgaben, Vokabeltests, fertig zu malende Bilder und nicht die Notwendigkeit, sich durch unsortierte Mitschriebe zu quälen, um einigermaßen Ordnung in das gedankliche Chaos der Sprösslinge vor der Klassenarbeit zu bekommen. Auseinandersetzungen mit Nebensitzern und Fachlehrern gehören für eine Woche der Vergangenheit an. Ich genieße diese Zeit so sehr, dass ich dem Ende der Ferien jedes Mal mit Schrecken entgegen sehe.

Warum setzt mich als Vater eine so gute Einrichtung wie die allgemeine Schulpflicht derart in Angst und Schrecken?

Es liegt mit hoher Wahrscheinlichkeit an mir.

Wie alle Väter habe ich gewisse Vorstellungen davon, wie ein erfolgreiches Berufsleben auszusehen hat. Trotz eigener trostloser Noten in Mathematik und manchmal auch in Physik geht es mir nicht darum, dass ich selbst bestimmte Dinge nicht erreicht hätte und diese Fehlleistungen deshalb auf die Kinder projizieren würde. Hinter meiner Sorge steht eher die Befürchtung, dass der von den Kindern angestrebte Beruf eine Familie nicht ernähren könnte oder sie gar keinen Ausbildungsplatz finden würden. Konsequenterweise entstand so der Wunsch nach der höchstmöglichen Schulbildung für meine Sprösslinge (leider manchmal nur bei mir). Tat sich ein Kind nun in der Schule schwer, oder lagen einfach andere Interessen vor, begann ich durch mein Verhalten unbewusst Druck aufzubauen. Um besser erklären zu können, was ich meine, möchte ich hier eine kleine Begebenheit einflechten (so wie sie sich tatsächlich zugetragen haben könnte):

Ich bin auf dem Weg von der Arbeit nach Hause und höre schon kurz nach dem Aussteigen aus dem öffentlichen Verkehrsmittel, dass sich zuhause jemand lautstark ärgert – und das obwohl aufgrund der Kälte die Fenster eigentlich geschlossen sein sollten und ich noch gut 3 Minuten bis zur Haustüre zu gehen habe. Mit dunkler Vorahnung lege ich die letzten Schritte zurück und versuche meine Gedanken zu sortieren. Was war geschehen? Ich erinnere mich dunkel an den Vortrag den Tochter Zwei, derzeit in Klasse 7, an diesem Tag hatte halten müssen. Am Abend vorher hatte ich sie noch abgefragt, ihr letzte Tipps gegeben, wie sie das interessante Thema „Der Mond in den Gedichten Josef Eichendorffs" einer Klasse mit überwiegend pubertierenden, 14-jährigen Jungs nahebringen könnte und war zuversichtlich zur Arbeit gegangen. Es dauert ein wenig, bis ich begreifen kann, wie kläglich meine didaktischen Bemühungen bei meinem Kind offensichtlich versagt haben mussten. Sie wurde ausgelacht, verhaspelte sich und brach den Vortrag den Tränen nahe ab. Die Lehrerin habe nicht eingegriffen, sondern die Mühe von etwa vier Wochen Internetrecherche und einem daheim recht ordentlich vorgetragenen Referat mit einer 3-4 belohnt.

Manchmal reagiere ich in solchen Situationen, wie es angemessen ist: Tochter in den Arm nehmen, darauf hinweisen, dass alles nicht so schlimm ist und vor allem deutlich betonen, wie ungerecht Lehrerin und Mitschüler sie behandelt haben.

Manchmal geschieht aber Seltsames in meinem Inneren. In der Magengegend beginnt ein leichtes Ziehen, das sich langsam in Richtung Brust vorarbeitet. Ich spüre das Zurückgesetztwerden, die Peinlichkeit und den Ärger über die erfahrene Ungerechtigkeit am eigenen Leib. Wenn ich mich in diesem Zustand befinde, gibt es wieder zwei mögliche Reaktionen.

Möglichkeit Eins: Ich nehme mir vor, sofort die Lehrerin anzurufen, um ihr meine Meinung zu sagen. Zumindest würde ich ihr am Abend eine deftige Email schreiben und die Sache klar stellen. Vermutlich würde sie nach dem Lesen meiner Email am nächsten Tag den Rektor um Vorruhestand bitten, wobei sie sich mit Mitte Vierzig extrem schwertäte.

Ein Hasenfuß, wie ich, wählt aber eher die Möglichkeit Zwei: Ich beginne sehr verständnisvoll auf meine Tochter einzureden, um sie davon zu überzeugen, dass sie nur mehr hätte üben müssen, um den Vortag souverän über die Bühne zu bringen. Weiter arbeite ich mit ihr einen umfangreichen Nachhilfeplan aus, der ihre Wissenslücken endgültig schließen sollte. Vertrauend auf meine didaktischen Fähigkeiten, wende ich alle mir bekannten Lerntricks an und erfinde Neue, wo mir die Alten auszugehen drohen. Mein Erstaunen ist groß, dass sich das Selbstbewusstsein meiner Tochter am Ende dieser Übung eher noch verschlechtert hat.

Noch ein Beispiel meiner unsäglichen Bemühungen: Eines meiner Kinder hatte mit der Prozentrechnung und mit Dreisätzen ziemliche Schwierigkeiten (ich sehe wie manchen ein kalter Schauer über den Rücken läuft). Weil sich die mathematischen Begabungen, wie beim Vater, in Grenzen hielten, war gerade dieses Fach eine besondere Herausforderung. Ich dachte mir, einige in den Alltag locker eingestreute Übungen, wie „Ein Kilo Äpfel kostet 2,13 €. Was kosten 1,54 Kilo Äpfel?" könnten helfen, dem Problem näher zu kommen. Leider habe ich durch derartige „Hilfestellungen" mehr Verwirrung gestiftet, als zum Verständnis beigetragen. Nachdem ich das Ganze entmutigt eingestellt hatte, konnte ich später feststellen, wie sich ohne mein Zutun bei meinem Sprössling ein solides Wissen über Dreisätze entwickelte und eine darauffolgende Klassenarbeit mit sehr ordentlichen Zensuren bewertet wurde.

Was geschieht bei solchen Begebenheiten mit mir? Warum reagiere ich auf diese Art und Weise? Die Antwort ist relativ einfach: Ich habe

Angst. Angst, die Kontrolle zu verlieren und vor einer Situation zu stehen, die ich nicht mehr beeinflussen kann. Angst davor, den Kindern nicht mehr helfen zu können und sie sich selbst überlassen zu müssen. Angst, in der Vergangenheit Fehler gemacht zu haben, die sich nun hinterhältig rächen.

Hier fängt Glauben und Hoffen an. Jesus fordert mich auf, meine Ängste ernst zu nehmen und sie nicht zu verdrängen. Wenn ich an dem Punkt stehe, wo mir die Einflussmöglichkeit genommen ist, kann ich nur noch alles an den abgeben, der meine Kinder noch viel mehr liebt als ich. Dies führt nicht dazu, dass ich mich beruhigt zurücklehnen kann, nichts mehr zu arbeiten brauche, weil alles von alleine läuft. Aber es macht Mut für den nächsten kleinen Schritt. Jesus geht diesen Schritt, indem auch ohne meine unfähigen Bemühungen am Ende brauchbare Schulnoten entstehen.

In solchen Situationen wächst die Hoffnung. Hoffnung, dass Jesus die volle Kontrolle hat und sich am Ende alles zum Guten wendet. Ich denke, ich habe erst im Zusammenhang mit meinen Kindern wirklich verstanden, was Hoffnung heißt. So lange wir noch Dinge beeinflussen können, brauchen wir keine Hoffnung. Hoffnung sieht eben noch nicht, dass sich etwas ändert, vertraut aber auf das, was einmal werden wird.

So habe ich gelernt, zu hoffen. Gott kümmert sich um das Leben meiner Kinder und die vielen Gebete, die für sie gesprochen wurden, sind nicht umsonst. Ich möchte es lernen, in den Zeiten, wo mich die Angst spürbar in ihrem Griff hat, keine Ratschläge zu geben und in Aktionismus zu verfallen, sondern mich selbst in die Arme meines Vaters im Himmel fallen zu lassen und erst dann – wenn ich mir seiner Fürsorge neu bewusst bin – wieder zu handeln.

Warum ich der Bibel glaube

Die Bibel gilt zurecht als die Grundlage des christlichen Glaubens. Ohne Bibel wüssten wir nicht, wie man den Glauben formulieren und im Alltag leben sollte. Deshalb nimmt sie einen wichtigen Teil im Leben eines Christen ein. Trotzdem ist die Bibel vielfach umstritten: Für die einen ist sie geoffenbartes Wort Gottes, das absolute Autorität und Zuverlässigkeit für sich beansprucht. Zweifel an der Richtigkeit der Bibel stellen für solche Menschen eine große Bedrohung für ihren Glauben dar. Für andere ist die Bibel lediglich ein Buch, das von Menschen geschrieben, überliefert und übersetzt wurde und damit grundsätzlich der Kritik zugänglich ist. Obwohl sie den hohen moralischen Wert anerkennen, scheint ihnen vieles heute nicht mehr relevant zu sein.

Die große Spannung, die sich zwischen diesen gegensätzlichen Positionen ergibt, hat mich in der Vergangenheit immer wieder beschäftigt und auch meinen Glauben belastet. Weil ich davon ausgehe, dass es manch einem meiner Leser ähnlich gehen könnte, möchte ich im Folgenden von den nicht immer geraden Wegen erzählen, die ich mit diesem Buch gegangen bin.

Lange bevor ich verstanden hatte, was es bedeutet Christ zu sein, war die Bibel schon zum Teil meines Lebens geworden. Es begann mit einer kunstvoll illustrierten Kinderbibel, aus der mir meine (Pflege-) Oma vorlesen musste.

Als Teenager begann ich dann, selbst die Bibel zu lesen, obwohl es zu der Zeit noch keine für Jugendliche geeigneten Übersetzungen gab. In meiner Bibel von 1912 ist Paulus „höchlich erfreut", weil die Philipper „wieder wacker geworden" sind und ich frage mich, was mir das damals hatte sagen wollen. Vielleicht war dies einer der Gründe, warum ich nicht wirklich viel verstand. Trotzdem hatten mich die Texte gerade in der klassischen Übersetzung von Martin Luther immer wieder berührt, auch wenn ich die großen Zusammenhänge bei weitem nicht überblicken konnte.

In dieser Zeit entwickelte sich bei mir der Glaube, an eine von Gott wörtlich eingegebene und damit unfehlbare „Heilige Schrift". Wenn Gott in der Lage war, das Universum, die Erde und die Menschen zu erschaffen (woran ich auch heute noch glaube), sollte es für ihn auch kein Problem gewesen sein, dafür zu sorgen, dass die richtigen Dinge in der Bibel stehen. Obwohl ich mich bei manchen Stellen fragte, ob tatsächlich alles wörtlich gemeint sein kann, habe ich diese Bedenken beiseite gelegt. Mir erschien eine solche Bewertung gefährlich zu sein, da die Zweifel an nur einer einzigen Textstelle letztendlich die ganze Bibel in Frage stellen müssten. Den Vorwurf, sie widerspräche sich selbst, tat ich mit einem bei Christen weit verbreiteten Satz ab: Die Bibel widerspricht sich nicht, sondern nur den Menschen die dies behaupten!

Hier möchte ich eine kurze Bemerkung einfügen: Viele Christen nehmen die Bibel wörtlich und akzeptieren sie (bearbeitet, in deutscher Übersetzung), ohne sich weitere Gedanken über ihre Entstehung oder die damit verbundene wissenschaftliche Auseinandersetzung zu machen. Ich schätze diese Haltung und respektiere diesen Zugang völlig. Bitte lassen Sie sich deshalb von dem was ich im Folgenden geschrieben habe, nicht verwirren. Ich bitte Sie aber auch, Menschen die sich aus verschiedenen Gründen mit der Bibelkritik beschäftigen müssen (Pastoren, Pfarrer, Historiker, Skeptiker wie mich), oder für welche die Bibel ein unbekanntes Buch und das Christentum eine Religion wie viele andere ist, wegen ihrer Zweifel nicht zu verurteilen.

Nachdem ich bewusst und mit Überzeugung Christ geworden war, begann ich mehr und mehr in der Bibel zu lesen. Wie ich schon sagte, gab es in meiner alten Lutherbibel Textstellen, die ich nicht verstand. Dies störte mich nicht, weil ich einfach davon ausging, dass ich noch zu lernen hatte. Mit wachsendem Überblick tauchten allerdings Texte auf, zu denen ich gewissermaßen auf Distanz ging. Es waren Stellen, deren Bedeutung sich für mich nicht erschloss, obwohl ich viel nachgefragt und studiert hatte. Stellen, die nicht zu anderen wesentlichen Aussagen passten und deshalb zunächst einen Widerspruch darstellten. Diese Texte legte ich auf die Seite und las die Bibel sozusagen „außen herum". Auch wenn sich im Laufe der Zeit manches klärte, entwickelten sich trotzdem aus dem anfänglichen Unbehagen im Laufe der Jahre massive Zweifel an der Bibel und damit auch an meinem Glauben. Diese Zweifel waren eher unterschwellig vorhanden, erlebte ich Gott doch sehr real in meinem Leben. Trotzdem kamen sie immer wieder an die Oberfläche.

Vor einigen Jahren war ich wieder einmal nahe daran, meine Bibel beiseite zu legen. Es gab Aussagen, die mein Verstand nicht akzeptieren wollte. Auf der anderen Seite konnte ich mir auch nicht eingestehen, dass es vielleicht Fehler in dem „Buch der Bücher" geben könnte. Man kann sich leicht vorstellen, was ein solches Dilemma mit einem Glaubenden anstellen kann. In dieser Situation begann ich bei einem großen Internetbuchhandel (der Name klingt so ähnlich wie ein südamerikanischer Fluss) nach Büchern zu suchen, die sich mit diesen Fragen beschäftigten. Dabei stieß ich (absolut zufällig?) auf ein Buch, mit dem für mich ansprechenden Titel: „Schadet die Bibelwissenschaft dem Glauben?". Zu meiner Überraschung kannte ich den Autor bereits persönlich: Professor Siegfried Zimmer, Lehrer an der Pädagogischen Hochschule in Ludwigsburg. Dieser alte Bekannte unseres Pastors predigte in den vergangen Jahren immer wieder in meiner Gemeinde und hatte, wenige Wochen bevor ich im Internet fündig wurde, sein Buch empfohlen. Weil ich an diesem Sonntag nicht im Gottesdienst gewesen war, erfuhr ich aber erst später davon.

Endlich kam das Buch mit der Post und ich begann sofort zu lesen. Die Ehrlichkeit im Umgang mit diesem Thema und die vorgestellten Denkansätze hatten mich so sehr angesprochen, dass sich das Dilemma schließlich auflöste. Für mich war es so, als ob Gott in meine Situation gesprochen und meine negativen Gedanken und Zweifel höchstpersönlich zerstreut hätte. Mehr dazu aber später.

Ich möchte nun den kleinen Ausflug in mein Leben beenden und mich mit den Argumenten beschäftigen, die mir geholfen haben, letztendlich an der Wahrheit der Bibel festzuhalten (obwohl nicht alle Fragen endgültig zu klären sind). Beginnen wir also mit dem etwas trockenen Teil des Kapitels.

So wie ich die Sache sehe, kommt die Kritik an der Bibel aus verschiedenen Richtungen: Naturwissenschaftler tun sich mit den Wunderberichten schwer, wogegen Historiker Zweifel an der Geschichte an sich haben. Sprachwissenschaftler und Archäologen kümmern sich um die Überlieferung der Texte, welche dann von Theologen mit Hilfe der historisch-kritischen Methode zerlegt werden. Dabei bleibt so manches auf der Strecke, was andere als wesentlich kennzeichnen würden.

Wie schon gesagt, habe ich nicht den Anspruch, eine umfassende Abhandlung zu geben (wer könnte das, bei dieser Breite), sondern will die Dinge zusammenfassen, die für mich wichtig waren. Die Gefahr, dadurch manche Sachverhalte zu sehr zu vereinfachen, muss ich in Kauf nehmen. Also, noch einmal tief durchatmen, es geht los:

Die im 19. Jahrhundert zunehmende Bedeutung der naturwissenschaftlichen Forschung führte dazu, dass wichtige Aussagen der Bibel offenbar widerlegt waren. Eine Erschaffung der Erde in sechs Tagen erschien im Lichte der Evolutionstheorie naiv zu sein. Wunder, wie die Auferstehung von Jesus oder die Jungfrauengeburt, widersprachen jeder menschlichen Erfahrung. Als Konsequenz wurden die Texte der Bibel rein „allegorisch" gelesen und jede „naturwissenschaftliche" Aussage ausgeschlossen. So deutete der Theologe Rudolf Bultmann die Wunder als reine Mythen und setzte sich dafür ein, dass die Bibel auf ihre wesentlichen Aussagen reduziert – sozusagen entmythologisiert – wird. Diese Art der Deutung war offensichtlich naturwissenschaftlich begründet und schien vernünftig zu sein. (Manchmal frage ich mich, ob es für Theologen nicht hilfreich wäre, sich im Rahmen ihrer Ausbildung intensiver mit Naturwissenschaft zu beschäftigen. Vielleicht würden sie auf diese Weise, die Grenzen der naturwissenschaftlichen Erkenntnis eher erkennen und ließen sich nicht so leicht von den scheinbar überlegenen Naturwissenschaftlern verunsichern.)

Es ist aus meiner Sicht im Rückblick nicht mehr möglich, mit naturwissenschaftlichen Mittel zu beurteilen, ob die Wunder der Bibel passiert sind oder nicht. Zugegeben – unsere Lebenserfahrung spricht gegen übernatürliche Ereignisse. Allerdings ist dies kein Beweis, dass die überlieferten Wunder nicht doch so geschehen sein könnten.

Warum ist das so?

Ich möchte den Gedanken an einem Beispiel erläutern: Petrus, ein Jünger Jesus, soll angeblich auf dem Wasser gelaufen sein (man kennt den Witz mit den versteckten Steinen im See). Die physikalische Theorie, die zur Beantwortung dieser Frage am Ehesten herangezogen werden kann, ist der Satz des Archimedes. Nach dem Gesetz des alten Griechen sollte Petrus untergegangen sein, da der Auftrieb seiner Füße nicht ausreichen würde, um ihn auf dem Wasser zu tragen (abgesehen von der Frage, wie er das Gleichgewicht hätte halten können).

Trotzdem erzählt Matthäus in seinem Evangelium diese abenteuerliche Geschichte und verzichtet dabei auf jede Erklärung des Phänomens. Es reicht scheinbar aus, dass jemand das Ereignis beobachtet und anderen davon berichtet hatte.

Nehmen wir einmal an, jemand behauptet heute, er habe einen Menschen auf dem Wasser laufen sehen! Selbstverständlich würde dies zunächst niemand glauben, da es jeder Erfahrung widerspricht. Da wir aber nicht selbst dabei gewesen waren und sich so etwas vermutlich nur selten ereignet, hätten wir bei aller Skepsis keine Chance, diese (Zeugen-) Aussage zu überprüfen. Aus meiner Sicht gäbe es nun folgende Möglichkeiten:

Entweder lügt der Zeuge bewusst oder er ist nicht recht bei Trost. Wenn wir beides ausschließen können und andere natürliche Erklärungen ausfallen, bleibt nicht mehr viel übrig: Er hat offensichtlich Dinge gesehen, die es eigentlich nicht geben dürfte (man erinnere sich an die Stelle im „König von Narnia", als der alte Professor Lucy's unglaubliche Geschichte im Wandschrank mit Susan und Peter besprochen hatte).

Wenn man also bei einem alten Text nicht mehr mit naturwissenschaftlichen Mitteln bewerten kann, ob die berichteten Wunder geschehen sind, geht es letztendlich nur um die Beantwortung von zwei Fragen:

Wurden die Aussagen der Augenzeugen richtig erfasst und weitergegeben und sind sie glaubwürdig. Zur Klärung der ersten Frage schauen wir uns zunächst an, wie das Neue Testament überliefert wurde.

Die Bücher des Neuen Testamentes wurden im 1. Jahrhundert nach Christus verfasst und überwiegend in Griechisch geschrieben. Von den Texten sind heute mehrere tausend Abschriften erhalten, wovon einzelne Teile vermutlich noch aus der Zeit um das Jahr 100 n. Chr. stammen.

Konstantin von Tischendorf fand im 19. Jahrhundert ein, bis auf wenige Kapitel vollständiges, Manuskript des Neuen Testaments, aus der Zeit um 350 n. Chr. im Katharinenkloster am Sinai.

Obwohl es Textvarianten gibt, sind die Unterschiede der Überlieferungen so gering, dass sich aus allen verfügbaren Manuskripten zusammen ein zuverlässiger „Urtext" rekonstruieren lässt. Liest man zum Beispiel in der Elberfelder Bibel, findet man diese Unterschiede in den Fußnoten erläutert. Erstaunlicherweise sind es zumindest im Neuen Testament sehr wenige.

Weiter ist die Bibel nicht als Ganzes entstanden, sondern besteht aus einzelnen Büchern, geschrieben von verschiedenen Autoren. Man muss sich deshalb fragen, ob tatsächlich die „richtigen" Schriften aus der Zeit Jesus von den Konzilen der 1. Jahrhunderte für das Neue Testament ausgewählt worden waren. Auf diese Frage gibt es aus meiner Sicht keine einfache und – wie ich meine – auch keine abschließende Antwort. Beschäftigt man sich jedoch intensiver mit dem Neuen Testament, stellt man eine große inhaltliche Geschlossenheit fest. Wichtige Grundlagen des Glaubens sind von verschiedenen Autoren in mehreren Büchern behandelt worden und stimmen dem Grunde nach überein. Ich meine deshalb, dass wir alles wesentliche vor uns haben.

Vergleicht man also die Überlieferung des Neuen Testamentes mit anderen Büchern der Antike, ist es das mit Abstand am Besten überlieferte Werk aus dieser Zeit.

Für das Alte Testament gilt mit Einschränkungen das Gleiche. Aufgrund der seit der Entstehung vergangen Zeit haben wir jedoch weniger Manuskripte zur Verfügung, weshalb sich der Text nicht mit der gleichen Sicherheit rekonstruieren lässt. Dies spiegelt sich in einer größeren Zahl „Fußnoten" in der Elberfelder Bibel wieder.

Ich selbst gehe also davon aus, dass meiner deutschen Bibel ein Text zugrunde liegt, der bis auf wenige Stellen mit den ursprünglichen Schriften übereinstimmt.

Damit bleibt noch die zweite Frage nach der Glaubwürdigkeit der Zeugen übrig. Was waren das für Menschen, die das Neue Testament verfasst haben?

In der Regel geht man heute von 8-9 verschiedenen Autoren der neutestamentlichen Schriften aus. Darunter waren Männer, wie die Jünger Johannes, Markus und Matthäus, die Jesus selbst kannten und viele seiner Wunder selbst erlebt haben müssen. Ein anderer Jünger – Petrus – schreibt in seinem Brief, er habe „die Herrlichkeit Jesus" mit seinen eigenen Augen gesehen. Was für eine steile Behauptung!

Für mich ist es faszinierend, heute Texte lesen zu können, die mit großer Sicherheit von Menschen stammen, die Jesus selbst erlebt hatten.

Man kann weiter fragen, wie wahrscheinlich es ist, dass sich solche Aussagen (z.B. Wundergeschichten) über Jahrzehnte in einer Gemeinschaft hätten halten können, wenn sie nicht im Großen und Ganzen stimmen würden. Paulus, der Jesus als Mensch selbst nicht erlebt hatte, berichtet von 500 Personen, die Jesus nach seiner Auferstehung gesehen haben sollen. Auch hier stellt sich wieder die Frage, ob eine Fälschung die Zeit überdauert hätte.

Letztendlich muss ich allerdings eingestehen, dass zwar vieles für die Glaubwürdigkeit der Augenzeugen spricht, man aber nicht mit absoluter Sicherheit davon ausgehen kann. Im Grunde ist dies bei vielen Gerichtsverfahren heute ebenso der Fall. Immer dann, wenn es keine zwingenden Indizien gibt und Aussage gegen Aussage stehen, bleibt dem Richter nur die Möglichkeit, dem Zeugen zu glauben (oder auch nicht). Dabei muss er sich auf seine Menschenkenntnis verlassen und – kann auch falsch liegen.

Ich habe mich festgelegt und glaube den antiken Zeugen.

Nehmen wir also an, dass die Texte der Bibel, insbesondere was das Neue Testament betrifft, in ihrer ursprünglichen Form vorliegen und überwiegend von Menschen geschrieben wurden, die tatsächlich dabei gewesen waren. Zumindest bei den Evangelien und der Apostelgeschichte bleibt das Problem, dass zwischen dem Geschehen und der schriftlichen Aufzeichnung einige zehn Jahre vergangen waren. Versucht man selbst einmal Dinge aufzuschreiben, die Jahre zurückliegen, weiß man manches noch sehr genau, anderes aber kann nicht im Detail wiedergegeben werden.

Hier setzt die moderne Textkritik an, die ganz allgemein auf antike Texte angewandt wird. Anhand sprachlicher Merkmale lassen sich Zusammenhänge zwischen Autoren herstellen und spätere redaktionelle Änderungen oder Ergänzungen durch Schüler erkennen. Besondere Eigenarten der Autoren und häufig verwendete Worte geben Auskunft über die Urheberschaft einzelner Abschnitte.

Weiter wird versucht Begebenheiten, die in allen vier Evangelien berichtet werden, hinsichtlich Zeit und Ort, sowie im Hinblick auf das Geschehen selbst, miteinander abzugleichen. Dies ist häufig möglich. Es gibt aber auch Geschichten, die sich nicht harmonisieren lassen. Allerdings handelt es sich bei den Unterschieden in der Regel um Details (Ort, Zeit oder Reihenfolge der Ereignisse) ohne den Inhalt zu verstellen.

Selbstverständlich unterliegt die Textkritik der gleichen Schwierigkeit, wie jede in die Vergangenheit gerichtete Wissenschaft: Das Ergebnis hängt vom Vorverständnis ab und lässt keine absoluten Aussagen zu. Alternative Deutungen sind daher immer möglich. Schöne Beispiele für eine konsequente Textkritik, ohne gleich die Bibel zu verwerfen, findet man in den beiden Bänden „Jesus von Nazareth" von Papst Benedikt dem XVI.

Wenn ich nun all das Gesagte ernst nehme, kann ich nicht davon ausgehen, dass die Bibel von Gott wörtlich eingegeben, sozusagen diktiert worden war. Damit ist es aber wahrscheinlich, dass in der Bibel auch Aussagen enthalten sind, die eher die Meinung der Autoren darstellen oder im Kontext der damaligen Zeit zu sehen sind. (Jetzt ist es raus: Die Bibel könnte im Detail auch Fehler enthalten!)

An dieser Stelle sehe ich manchen meiner Leser den Kopf schütteln und kann das gut verstehen. Wie ich schon sagte, hat mir das Buch von Siegfried Zimmer sehr geholfen, mit diesem Dilemma umzugehen. Seine Gedanken haben deshalb die nun folgenden Ausführungen stark geprägt:

Selbst Menschen, die an eine wörtliche Inspiration der Bibel glauben, würden (mit Unbehagen) zugestehen, dass für sie nicht alle Texte gleich wichtig sind. Manches liest man beinahe täglich, anderes dagegen nur, wenn der Bibelleseplan die Stelle vorschlägt. Es gibt Texte, die ohne Zögern wörtlich genommen werden (z.B. die 10 Gebote) und andere wiederum nicht. So habe ich noch niemand getroffen, der sich ein Auge ausgerissen hat, nur weil Jesus dies einmal von seinen Jüngern forderte. Niemand liest die länglichen Aufzählungen von Soldaten und deren Bewaffnung oder die Geschlechterfolgen im Alten Testament mit der selben Inbrunst, wie die Bergpredigt Jesus (das Gebet des Jabez einmal ausgenommen).

Auch der Apostel Paulus schreibt in seinen Briefen davon, manche Aussagen „von Gott empfangen zu haben" und findet andere „bedenkenswert", obwohl sie „nicht vom Herrn" seien. Wenn wir also annehmen, dass nicht alle Texte gleich wichtig sind, ist ein erster Schritt getan. Im Grunde legen viele (jeder?) manche Texte anhand von Kriterien beiseite oder bewerten sie zumindest unterschiedlich.

Gerade dann stellt sich aber die spannende Aufgabe, den Kern des christlichen Glaubens zu erkennen und die unklaren Stellen entsprechend einzuordnen.

Der Weg dazu ist für mich die Betrachtung des Gesamtzusammenhangs der Lehren der Bibel. Wie ich schon erwähnt habe, zeichnet sich insbesondere das Neue Testament durch eine große Einheitlichkeit aus. Diese ergibt sich unter anderem aus der geringen Anzahl von Autoren, die alle stark von der Person Jesus direkt geprägt worden waren. Damit ist es in der Regel sehr einfach, die eigentlichen Aussagen zu erkennen. Der generelle Vorwurf die Bibel sei uneinheitlich und widerspräche sich, ist deshalb nicht haltbar. Wie ich meine, hängt der Eindruck der Uneinheitlichkeit eher daran, dass Menschen ihre Schwerpunkte anders setzen und damit das Bild verzerren. Diese sich daraus ergebene Vielfalt und leider auch manchmal Feindschaft zwischen Kirchen, ist kein Problem der biblischen Texte selbst.

Ein weiterer Schlüssel zum Verständnis der Bibel liegt in dem Versprechen von Jesus an seine Nachfolger, dass der Heilige Geist ihnen helfen werde, „die Wahrheit vollständig zu erfassen".

Hier müssen wir kurz innehalten, um die Tragweite dieser Aussage auf uns wirken lassen.

Ich behaupte nicht mehr und nicht weniger, dass es eine Person der Gottheit gibt, die sich in unserem Raum und Zeit bewegt und uns das Wesen Gottes offenbaren möchte. Damit bekommt der Glaube eine Dimension, die sich nicht mit dem rein verstandesmäßigen Studieren und Bewerten eines antiken Textes erschöpft.

Es geht eben gerade darum, dass Gott selbst durch seinen Geist zu Menschen spricht und die alten Texte heute lebendig und wertvoll macht. Gott benutzt die Bibel mit ihren klaren Aussagen, um Menschen in eine Beziehung zu seinem Sohn Jesus kommen zu lassen. Diese, im eigentlichen Wortsinn, überirdische Komponente ist der Kern und die Kraft der Bibel, die sie so einzigartig macht.

Wie geht es mir heute mit der Bibel?

Obwohl ich immer wieder Stellen finde, die sich für mich nicht in den Gesamtzusammenhang einordnen lassen und ich mich im Alten Testament nicht überall auf eine eindeutige Textüberlieferung stützen kann, erlebe ich Gottes persönliches Reden für mein Leben durch die Bibel.

Es fasziniert mich an der Bibel, dass diese uralten Worte tatsächlich in heutige Situationen reichen und die Kraft zur Veränderung haben. Prinzipien, die das menschliche Zusammenleben vor 3000 Jahren geprägt haben, sind nach wie vor gültig. Der Gott, von dem die Menschen in der Bibel berichten, ist auch heute noch erlebbar. Die wichtigen Lehren des christlichen Glaubens sind für mich zweifelsfrei erkennbar und werden ohne Widersprüche von den verschiedenen Autoren dargelegt.

Letztendlich ruht mein Glaube aber in der Beziehung zu dem auferstandenen Christus und gerät nicht dadurch ins Wanken, dass ich manches an der Bibel nicht verstehen kann.

Schöpfung und Evolution

Es gibt wenige Themen, die bei Wissenschaftlern, Theologen und normalen Bürgern ähnliche Emotionen auslösen, wie die Frage nach dem Ursprung der Erde und der Menschheit. Immer dann, wenn man die Sicht der jeweils anderen Seite in Zweifel zieht, entstehen Ängste – und das nicht nur bei den Theologen. Auch mich selbst hat die Auseinandersetzung mit der Spannung zwischen biblischer Lehre und den wissenschaftlichen Aussagen viele Jahre lang beschäftigt.

Selbst bei Menschen, die sich bewusst als Christen bezeichnen, gehen die Ansichten hier auseinander. Manche halten sich wörtlich an die Schöpfungsberichte und deuten die Aussagen der Bibel naturwissenschaftlich. Zählt man die Lebensalter der in den Geschlechtsregistern des Alten Testaments erwähnten Menschen zusammen, erhält man so ein Alter der Erde von etwa 6000 Jahren.

Andere dagegen nehmen die Evolutionstheorie ernst und sprechen der Bibel jeden naturwissenschaftlichen Wert ab. Die Schöpfungsberichte werden als Beispielgeschichten gedeutet, welche von der Beziehung Gottes zu den Menschen erzählen.

Eine dritte Gruppe versucht beide Ansätze zu vereinen, indem Gott als die treibende Kraft in der Evolution gesehen wird. Nicht der Zufall habe die Entwicklung der Lebewesen bewirkt, sondern Gott, indem er sich den Mechanismen der Evolution bediente.

Eine letzte Gruppe sieht wohl die Problematik hinter der Diskussion, lässt sich aber dadurch in ihrem Glauben nicht beirren. Diese Christen sehen das Problem der Schöpfung als bei Gott gelöst an, ist er doch der allmächtige Herrscher, den sie in ihrem Alltag erleben. Für ihn wäre eine Schöpfung in sechs Tagen kein Problem, was die Evolutionstheorie sagt, bleibt für sie ohne Bedeutung.

Wo stehe ich selbst?

Im Laufe der Jahre hat sich mein Standpunkt immer wieder verändert. Der Glaube an einen allmächtigen Gott machte es mir als Jugendlicher leicht, die Schöpfung der Erde in sechs Tagen anzunehmen.

Mein Religionslehrer in der Oberstufe sprach darüber, dass es zwei Schöpfungsberichte in der Bibel gäbe, die sich an wesentlichen Punkten widersprechen würden. Tatsächlich lassen sich in Genesis Kapitel 1 und 2 anhand sprachlicher Merkmale zwei Berichte voneinander abgrenzen. Im ersten Kapitel wird die Erschaffung des Weltalls und der Erde in sechs Tagen durch das Machtwort Gottes beschrieben. Das 2. Kapitel erzählt dagegen von der Erschaffung von Mann und Frau und dem Lebensraum der ersten Menschen – dem Garten Eden.

Allerdings scheint, zumindest in der deutschen Übersetzung, die Reihenfolge der Erschaffung der Tiere und des Menschen nicht einheitlich überliefert zu sein: In Genesis Kapitel 1 erschuf Gott den Menschen erst am sechsten Tag und damit nach den Tieren. Genesis Kapitel 2 beginnt mit der Erschaffung Adams und Evas. Erst danach erschuf Gott die Tiere und brachte sie zum Menschen, der ihnen ihre Namen geben sollte. Das erschien mir damals sehr unverständlich zu sein.

Während meines Studiums habe ich mich über mehrere Jahre hinweg damit beschäftigt, wie die Schöpfungsberichte der Bibel zu deuten sind und wie sich die „Widersprüche" vielleicht auflösen lassen. Parallel dazu las ich viel über die Evolutionstheorie, um die Grundzüge zu verstehen. Geholfen haben mir die lesenswerten Bücher der Studiengemeinschaft „Wort und Wissen", die sich mit einem hohen naturwissenschaftlichen Anspruch den Themen nähern und sich damit positiv vom Kreationismus amerikanischer Prägung abheben.

Bevor ich weiter ausholen werde, möchte ich noch eines anmerken:

Heute, etwa zwei Jahrzehnte später, haben diese Fragen ihre Brisanz für mich verloren. Es bleiben zwar viele offenen Punkte, die allerdings meinen Glauben und die Beziehung zu Jesus nicht mehr stören. Gott ist für mich der Schöpfer der Erde und des Weltalls, Anfang und Ende, Ursprung und Ziel. Ich unterhalte mich noch immer gerne über das Thema, halte Vorträge und lese Artikel in einschlägigen Fachzeitschriften. Trotzdem gehört es für mich in den Randbereich meines Glaubens – von der Lösung dieser Fragen hängt meine Beziehung zu Gott letztendlich nicht ab.

Kommen wir also nun zu den Kernpunkten, die ich meine, über das Thema gelernt zu haben.

Das Alte Testament geht von der Historizität der Schöpfungsberichte und der Erschaffung der Erde in sechs Erdentagen aus. Der Hinweis mancher Christen, dass vor Gott „tausend Tage wie ein Jahr und tausend Jahre wie ein Tag" seien, bezieht sich auf eine Aussage der Bibel, die in einem anderen Zusammenhang steht und hilft deshalb nicht weiter.

Jeder Tag in Genesis Kapitel 1 beginnt mit einem Morgen und endet mit dem Abend. Weiter begründet Mose bei der Wiederholung der Zehn Gebote die 6-Tage Woche mit dem Schöpfungsbericht, nachdem Gott am siebenden Tag geruht habe.

Für manche der schwierigen Stellen gibt es gute Erklärungen, für andere eher nicht: Die scheinbar widersprüchliche Reihenfolge der Erschaffung von Mensch und Tier in den beiden Schöpfungsberichten ergibt sich durch die deutsche Übersetzung des Urtextes. Zieht man eine Besonderheit der hebräischen Sprache in Betracht, kann die fragliche Stelle im 2. Kapitel auch lauten: „Und Gott brachte die Tiere, die er geschaffen hatte, zu den Menschen." (In der englischen „New International Version" wurde diese Deutung übernommen und der Vers entsprechend übersetzt.) Damit stehen beide Berichte, was die Abfolge der Erschaffung der Menschen und Tiere angeht, im Einklang.

Dabei möchte ich es belassen, da sich viele mit diesen Fragen bereits beschäftigt haben und man auch nicht jeden Einwand schlüssig beseitigen kann.

Für mich liegt der Schwerpunkt der Schöpfungsberichte darin, aufzuzeigen, dass Gott den Menschen mit einem Zweck nach seinem Bilde geschaffen hat. Darüber hinaus beinhalteten die Texte auch Aussagen, welche naturwissenschaftlich deutbar sind und Hinweise auf die Entstehung der Welt geben.

Beschäftigt man sich dagegen kritisch mit der Evolutionstheorie, stellt man fest, dass viele Fakten, welche die Grundlagen der Theorie betreffen, auch im Sinne einer Schöpfung gedeutet werden können:

Bei Tieren findet man erstaunliche Ähnlichkeiten im Körperbau oder der Erbinformation. Nimmt man an, dass die Tiere voneinander abstammen, kann man auf Grund der vorliegenden Ähnlichkeiten Stammbäume (also eine zeitliche Abfolge und eine Verwandtschaftsbeziehung) ableiten. Allerdings ist diese Annahme nicht zwingend.

Man könnte die Ähnlichkeiten – wie bei Kunstwerken oder der Architektur – auch als Ausdruck eines gemeinsamen Urhebers, also eines Schöpfers verstehen.

Aus meiner Sicht ist die Evolutionstheorie über weite Strecken keine Naturwissenschaft (siehe Kapitel 3), sondern arbeitet eher mit Methoden der historischen Forschung. Damit geht die Notwendigkeit einher, weitgehende Annahmen treffen zu müssen. Dies ist zulässig und stellt kein Problem dar, solange man sich dessen bewusst ist.

Wie geht es mir nun damit?

Die Evolutionstheorie stellt für mich keine wirkliche Alternative dar, weil viele Dinge ungeklärt bleiben (müssen) oder widersprüchlich sind. Nimmt man als Christ eine Schöpfung der Erde an, ergeben sich daraus ebenfalls Sachverhalte, die sich nicht mit den naturwissenschaftlichen Fakten in Einklang bringen lassen.

Deshalb möchte ich Mut machen, sich zu entspannen. Die Diskussion um den Ursprung der Erde und der Menschen darf nicht von Gott weg führen, denn die Lösung dieser Frage ist nicht das vordringliche Thema der Bibel. Es geht viel mehr um die Zusage Gottes an die Menschen, dass er uns erschaffen hat, um mit ihm zu leben. Die Menschen haben sich aus freiem Willen gegen Gottes Fürsorge entschieden, was die Trennung von ihm zur Folge hatte. Gott hat diese Trennung durch seinen Sohn Jesus wieder aufgehoben und damit jedem Menschen die Rückkehr in das verlorene Paradies ermöglicht.

Laufen

Mit leicht süffisantem Grinsen eröffnete mir mein Arzt, dass mein Blutdruck zu hoch sei und ich dringend „Abspecken" (was ist das eigentlich für ein Wort?) solle. Ein Herzinfarkt und ein Schlaganfall wären vorprogrammiert, wobei er freundlicherweise vergaß, mir zu sagen, was mich zuerst ereilen würde. Unbedingt müsse ich zudem eine 24-Stunden Blutdruckmessung durchführen lassen. Nach diesen durchaus schockierenden Neuigkeiten hatte ich schnell und äußerst konsequent reagiert und – den Arzt gewechselt. Was mich damals ärgerte, waren nicht die Tatsachen an sich, sondern die Art, wie er meine bis dahin erfolgten Bemühungen abzunehmen und mehr Sport zu treiben einfach ignorierte und sein internistisches Standardprogramm abspulte. Inzwischen habe ich tatsächlich 12 Kilogramm abgenommen und mich bei einem Body Mass Index (BMI) von 25 eingependelt. (Diese „Flächendichte" scheint mir die wahren Gegebenheiten des menschlichen Körpers besser auszudrücken, als die alte Regel, *Körpergröße in cm-100,* nach der ein 1-Meter-Mann leider nichts mehr wiegen durfte.) Obwohl ich noch immer etwas rundlich an des Leibes Mitte bin, ist mein neuer Arzt mit mir zufrieden.

Ein wesentlicher Bestandteil meines Lebens ist seit dieser Zeit das Laufen geworden. Regelmäßiger Sport reicht in aller Regeln nicht aus, um durch den erhöhten Energieverbrauch abzunehmen. Allerdings ändert sich das Lebensgefühl grundlegend. Man bekommt Spaß an der Bewegung und kann das Laufen am Abend dazu verwenden, die Pizza am Mittag besser rechtfertigen zu können. Der Weg vom Parkplatz außerhalb des Werksgeländes bis zum Besprechungszimmer innerhalb des Zaunes führt irgendwann nicht mehr dazu, dass einem, am Tisch sitzend, der Schweiß in die Unterlagen tropft und man vor lauter Luftholen keinen zusammenhängenden Satz zustande bringt.

So richtig begonnen habe ich mit Anfang Vierzig, also einem Alter wo man langsam wahrnimmt, dass alles auf der Welt – man selbst eingeschlossen – endlich ist. Am Anfang war es eher ein schnelles Gehen, in viel zu weiter, hellblauer Trainingshose und einem pinkfarbenen Fließ aus den neunziger Jahren des letzten Jahrhunderts. Eine Pudelmütze meiner Tochter vervollständigte die Ausrüstung. Damit meine Kinder nicht wegen ihres Vaters zum Gespött der Leute wurden, bin ich in dieser Zeit viel in der Dämmerung und auch nachts gelaufen. Zunächst wehrt sich mein Körper mit Schmerzen in den Kniekehlen, verursacht durch völlig eingerostete Bänder und Sehnen, gegen die ungewohnte Belastung. Langsam stellte ich fest, dass ein Sprint zur S-Bahn am Morgen nicht zum vollständigen Kollaps führen muss und ich immerhin schon nach zwei Stationen wieder lesen konnte, ohne dass mir die Buchstaben vor den Augen verschwammen. Nach einiger Zeit konnte ich dann

3 bis 4 Kilometer am Stück laufen, was ich regelmäßig ein bis dreimal in der Woche tat. 2006 meldete ich mich schließlich zu meinem ersten 10-Kilometer Lauf in Freiberg an, den ich immerhin unter einer Stunde erfolgreich beenden konnte. Sehr viel schneller bin ich allerdings bis heute nicht geworden.

Kollegen erzählten bei der Arbeit von ihren Erfolgen bei Halbmarathonveranstaltungen, wie dem Stuttgarter Zeitungslauf, was bei mir großes Unverständnis über diese gesundheitsschädlichen, sportlichen Betätigungen auslöste. Die wahre Distanz seien doch die 10 Kilometer, mehr wäre zur körperlichen Ertüchtigung nicht nötig. Irgendwann begann ich aber dann doch, meine Läufe auszuweiten und fand Spaß daran, 1,5 Stunden und mehr zu laufen. In einem heißen Sommer parkte ich mein Auto an der 5 Kilometer langen, offiziell vermessenen Strecke des „Freiberg-Laufes" und kämpfte mich in knappen 2,5 Stunden durch vier Runden und einem Kilometer. Am Auto hatte ich eine Wasserflasche deponiert, ohne die ich sicher nicht überlebt hätte. Mein erster Halbmarathon war geschafft, auch wenn mir aus Unkenntnis zur offiziellen Länge am Ende 100 Meter fehlten. Inzwischen bin ich die Distanz von 21,1 Kilometern bei mehreren Volksläufen gelaufen und im Jahr 2010, in Stuttgart, 5 Sekunden unter den magischen 2 Stunden geblieben. Die leichte Oberschenkelzerrung, die sich wohl auf dem letzten Kilometer kurz vor dem Ziel eingeschlichen hatte, beschäftigte mich allerdings noch Wochen später.

Auch bei mir entwickelte sich der, für Läufer typische und bei Nichtläufern gefürchtete, untrügliche Sinn für andere Läufer, der in Gesprächen dazu führt, dass man spätestens nach 10 Sekunden beim Austausch über Zeiten, Strecken, Pulsuhren und Läuferkrankheiten angekommen ist. Nichtläufer und auch nur im Ansatz Übergewichtige werden gemeinsam bemitleidet und durch andauerndes Erzählen von den Vorzügen sportlicher Betätigung zum Laufen motiviert.

Was hat nun „Laufen" mit „dranbleiben – vom Glauben, Zweifeln und Hoffen" zu tun? Begonnen habe ich das kleine Buch mit dem Nachdenken über „Worte ewigen Lebens" und bin nun bei einem absolut irdischen, geradezu bodenständigen Thema angekommen. Man könnte versuchen, das Ganze mit dem Hinweis zu retten, dass „dranbleiben" insbesondere bei langen Läufen unbedingt dazu gehört. Das ist sicher richtig, führt aber in die falsche Richtung.

Jeder der sich ab und zu mit wirklichen Läufern unterhält, stellt fest, dass Laufen durchaus religiöse Züge annehmen kann. Die Rede ist davon „den Kopf frei zu haben" und in der Natur und durch die körperlichen Anstrengungen „zu sich selbst finden zu können". Der Stolz darauf, etwas nicht Alltägliches geschafft zu haben, verleiht ein starkes Selbstbewusstsein – ein Gefühl von Überlegenheit. Gesundheitspäpste und ihre Apostel attestieren den Läufern eine stärkere Psyche und ein überragendes Denkvermögen (Hä??). Durch eigene Disziplin und Ausdauer habe man sich Gesundheit und Leistungsfähigkeit geradezu verdient und man stehe nicht mehr auf einer Stufe mit den Bewegungsmuffeln unserer Gesellschaft.

Nun bin ich mit Sicherheit ein eher gemäßigter, man könnte bei meinen sportlichen Erfolgen auch sagen mittelmäßiger Vertreter der Bewegung. Trotzdem erstaunt es mich manchmal, was das Laufen und das damit einhergehende positive Körpergefühl mit mir und meinem Denken anstellt. Von ein paar Aspekten möchte ich im Folgenden berichten. Sollten Leser die Schilderungen für etwas übertrieben halten, könnten sie durchaus recht haben. Es steckt aber aus meiner Sicht eine gehörige Portion Wahrheit darin.

Ein erster Aspekt betrifft das Verhältnis eines Läufers zu anderen Menschen. Obwohl ich bei meiner Größe noch immer am oberen Rande des gerade noch zulässigen Bereiches des Body Mass Index zu liegen komme, empfinde ich trotzdem Unverständnis gegenüber Menschen, die noch mit ihren Pfunden kämpfen oder den Kampf schon aufgegeben haben. Wie kann es sein, dass sich jemand nicht mit seiner Gesundheit auseinander setzt und damit am Ende allen zur Last fällt. (Ich schäme mich schon, während ich dies schreibe.) Irgendwie habe ich in solchen Momenten völlig vergessen, wie schwer es mir selbst fällt, mein Gewicht zu halten und wie viel schwerer es mir gefallen ist, überhaupt einmal abzunehmen.

Durch das Laufen fühlt man sich offenbar berufen, die Lebensumstände anderer Menschen bewerten zu können. Natürlich gibt es solche Gedanken auch ohne sportliche Betätigung. Sie verstärken sich nach meiner Erfahrungen aber dadurch. Sollte ich mit meiner Begeisterung für das Laufen andere verletzt haben, tut mir das aufrichtig leid.

Ein zweiter Aspekt der mir auffällt ist, wie schwer ich mich tue, Grenzen, die mir mein Körper setzt, zu akzeptieren – man kann schlicht und einfach nicht immer Laufen. Es beginnt meist ganz harmlos mit einem kaum spürbaren Kratzen im Hals, zu dem im Laufe des Tages der eine oder andere Nieser dazu kommt. Zunächst ignoriere ich das Ganze, habe ich doch als Läufer alles für meine Gesundheit getan und die paar Bakterien und Viren sollten nicht in der Lage sein, das übermächtige Bollwerk meines Immunsystems einreißen zu können. Am nächsten Tag habe ich schließlich doch wie viele Mitmenschen im Herbst eine Erkältung, die mich eigentlich nicht wirklich einschränkt und auch gut auszuhalten wäre.

Ich kann aber nicht LAUFEN!

So hadere ich mit meinem Schicksal und verfluche den Menschen, der mich mit seinem Nieser in der S-Bahn höchstwahrscheinlich angesteckt hat. Es ist unverantwortlich, wie sich manche Zeitgenossen als lebende Bakterienschleudern unter ihre Artgenossen in den öffentlichen Nahverkehr trauen! Mit intensivem Händewaschen bekämpfe ich die kleinen Bakterien und Viren und achte peinlich auf eine dem Wetter angepasste Bekleidung. Über einen Mundschutz, wie in Japan durchaus üblich, hatte ich kurz nachgedacht und diesen Gedanken dann aber aus Rücksicht auf meine Familie und meinen Arbeitgeber wieder verworfen.

Besonders schwierig ist die Zeit vor Wettkämpfen. Bange höre ich in mich hinein, ob sich nicht doch ein kleiner Virus in meinen Atemtrakt eingeschlichen hat. Läge ich am Tage eines Volkslaufes tatsächlich im Bett und könnte nicht teilnehmen, käme das einer mittleren Katastrophe gleich. Beenden wir an dieser Stelle die Schilderung meines hypochondrischen Läuferverhaltens.

Ich frage mich wirklich, ob ich dieselbe Leidenschaft für Menschen oder für meinen Gott aufbringen könnte. Warum ist mein Wollen nicht genauso unbedingt, wenn es um Hilfe für andere Menschen oder um Zeit zum Gebet geht? Warum werde ich so unausstehlich, wenn mir meine sportlichen Pläne durchkreuzt werden? Zur Verteidigung von uns Läufern muss ich noch einmal einwenden, dass solches Verhalten wohl in jedem Menschen steckt. Wir lassen uns unsere Pläne eben von niemand, auch nicht von Gott, durcheinander bringen und übersehen, wie sehr wir uns dabei verrennen und den Blick auf das Wesentliche verlieren können.

Einen letzten Aspekt des Laufens möchte ich noch erwähnen. Laufen macht unabhängig.

Man ist beweglicher, tatsächlich auch gesünder und leistungsfähiger und fühlt sich deshalb in der Regel auch wohl. All das ist an sich gut und erstrebenswert. Das Problem beginnt dort, wo man sich auf seine Leistung und das Erreichte verlässt und sogar Rechte davon ableiten möchte: Weil ich mich so angestrengt habe, ist es doch nur fair, dass es mir besser geht als anderen. Es kann doch gar nicht sein, dass ich krank werde und mit Einschränkungen zurecht kommen muss.

Ist es nicht so, dass dieses Streben nach Unabhängigkeit das Grundproblem des Menschen gegenüber Gott ist? Es begann mit Eva, die sich nicht länger von Gott Vorschriften darüber machen lassen wollte, was sie essen sollte und was nicht. Auch der Turm zu Babel diente nur dazu, Gott gleich zu sein. Bis heute versuchen Menschen, sich von Gott abzusetzen, indem sie ihn ignorieren und in einem Gestrüpp intellektueller Argumente oder der Anklage wegen all der Ungerechtigkeit auf der Erde verschwinden lassen. Zugegeben, der Bogen ist nun weit gespannt. Wenn ich aber an einem Sommerabend meine Lieblingsstrecke um den malerischen See am Schloss laufe und mich nach einer kalten Dusche in den Liegestuhl auf meinen Balkon lege, um die letzten Strahlen der Sonne zu genießen, empfinde ich ein Gefühl der Stärke und Unabhängigkeit. Mache ich mir nach einem durchgestandenen Halbmarathon ein paar Stunden später klar, dass ich es tatsächlich wieder einmal geschafft habe, bin ich stolz auf meinen Körper. Solange es mir dabei gelingt, dankbar für Gottes Fürsorge zu sein und diese Möglichkeiten als sein Geschenk zu begreifen, ist alles in Ordnung. Beginne ich aber meine Befriedigung und mein Selbstwertgefühl aus einem Halbmarathon und meiner Leistung zu ziehen, habe ich zumindest für diesen kurzen Moment – den Grund meines Lebens verloren.

Alternativlos

Nach allem was ich geschrieben habe, erscheint es vielleicht manchem so, als ob das Leben mit Jesus eine sehr anstrengende und wenig attraktive Angelegenheit wäre. Deshalb möchte ich den Gedanken des ersten Kapitels noch einmal aufgreifen und davon erzählen, warum es für mich zu Jesus keine Alternative gibt. Davor muss ich aber noch einmal ein klein wenig ausholen.

Ich hatte schon erwähnt, dass es im Laufe meines Lebens immer wieder Punkte gab, an denen ich alles in Frage stellte und über andere Lebenskonzepte nachdachte (Alternativen eben). Für mich kam dabei aber nie eine andere Religion in Frage, da das Christentum für mich rein faktisch betrachtet, die mit Abstand Beste ist. Meine Überlegungen gingen eher in eine andere Richtung: Immer dann, wenn ich daran zweifelte, ob es Gott tatsächlich gibt, erschien mir die Möglichkeit, dass nach dem Tode tatsächlich alles aus sein könnte, durchaus attraktiv zu sein. Könnte ich dann nicht einfach versuchen, ein gutes Leben zu führen und müsste mich trotzdem nicht vor jemandem verantworten, falls es mir nicht gelingen sollte?

Diese Gedanken halten in der Regel nicht lange an, weil ich tief in mir weiß, dass Gott lebt und ich ihm gegenüber Verantwortung trage. Zu oft habe ich zudem in meinem Leben erfahren, dass Jesus „Worte des ewigen Lebens" hat.

Ich frage mich deshalb, woher solche Gedanken kommen. Bei mir liegt es im Grunde daran, dass ich manchmal zu wenig von diesem allmächtigen Gott im Alltag sehe. Gebete werden scheinbar nicht erhört, weshalb meine Grenzen schnell zu Gottes Grenzen werden. Gott erscheint mir zu wenig präsent zu sein – er hält sich geradezu versteckt. In Folge dessen entstehen immer wieder grundlegende Zweifel an meinem Glauben, wobei ich sicher bin, damit nicht alleine zu sein.

Zugegeben, manches Mal ist Gott in meinem Leben an der Arbeit und ich erkenne ihn nicht. Sei es, weil mein Verstand mir im Wege steht und ich für Gottes Handeln eine natürliche Erklärung finde. Oder sei es, weil ich in dem Gefühl, alles im Griff zu haben, meine Bedürftigkeit nicht mehr wahrnehme und sein klares Eingreifen in meinen Alltag für meine eigene Leistung halte.

Mir hat unter anderem eine kleine Geschichte geholfen, damit besser umgehen zu können. Es ist ein Gleichnis, das Jesus seinen Zuhörern vor etwa 2000 Jahren erzählte und spielt in irgendeinem Dorf in Israel:

Ein Bauer ging wie jeden Tag auf das Feld und begann mit seiner Arbeit. Nach einiger Zeit blieb er mit seinem Pflug an etwas Hartem hängen. Er ärgerte sich zunächst über die ungewollten Schwierigkeiten und untersuchte das glänzende Hindernis genauer. Langsam kam ein sagenhafter Schatz zum Vorschein. In einem Moment wurde ihm klar: Er musste diesen Schatz bekommen!

Mit den Worten Jesus hört sich das Ganze so an:

*„Das Reich der Himmel gleicht einem
im Acker verborgenen Schatz, den ein
Mensch fand und verbarg; und vor Freude
darüber geht er hin und verkauft alles,
was er hat, und kauft jenen Acker."*

Über das *Reich der Himmel* wurden unzählige Bücher geschrieben, auf die ich ebenfalls gerne verweisen möchte. Ganz persönlich steht für mich der Begriff für die Nähe und den Machtbereich Gottes. Es ist dort, wo Gott mir begegnet und mich ansprechen möchte. Es ist da, wo ich mich von Jesus angenommen und verstanden fühle und mit meinem ganzen Sein bei ihm geborgen bin. Es ist besonders gegenwärtig, wo ich mit meinen Grenzen und meinem Zerbruch zu Jesus kommen kann und er mich trotzdem als sein Kind annimmt.

In der Geschichte wird etwas Entscheidendes über das *Reich der Himmel* ausgesagt: Es liegt offensichtlich nicht auf der Straße, sondern ist im Gegenteil verborgen und erschließt sich nur bei genauerem Hinsehen. Mehr noch – es zu bekommen kostet Mühe, Zeit und Einsatz. Es wird der eine Aspekt meines Glaubens angesprochen, der mich zweifeln lässt: Gottes Reich kann auch verborgen sein. Genau wie im Gleichnis lässt es sich aber finden, was mich dazu motiviert, nicht aufzugeben, sondern solange zu graben, bis ich es wieder sehe, bis ich mir der Nähe Gottes wieder bewusst bin. Dann geht es mir wie dem Bauern, der in seiner Freude vollkommen irrationale Entscheidungen trifft und seine Lebensgrundlage zugunsten eines versteckten Schatzes aufgibt.

Gott zeigt sich so in meinem Alltag, auch wenn ich ihn nicht immer gleich erkenne. Diese Begegnung mit Gott gibt meinem Leben Grund und Mitte.

Dazu gibt es für mich keine Alternative.

Beispiele? Ich weiß nicht, ob es eine gute Idee ist, solche weiterzugeben. Gott geht sehr individuell mit Menschen um, so dass sich Erfahrungen mit ihm in aller Regel nicht kopieren lassen. Er begegnet uns immer so, wie es zu uns passt und wir es in der speziellen Situation brauchen. Im Grunde habe ich aber in den vorangegangenen Kapiteln schon von mir erzählt und möchte deshalb noch ein weiteres Beispiel anfügen.

Glaubt man der Bibel, sind die Menschen an sich und jeder Einzelne Mangelwesen, die ohne Gottes Wohlwollen nicht in der Lage wären, ein vernünftiges Leben zu führen. Dies ist für viele Menschen ein steiler Gedanke. Wenn ich aber ehrlich zu mir selbst bin, entdecke ich viele Bereiche in meinem Leben, wo ich mich gerne anders verhalten würde, es im Grunde sogar einsehe und mich trotzdem daneben benehme.

Ich weiß bis heute nicht, wie es mir gelungen ist, nach außen den Eindrucks eines ausgeglichenen, in sich ruhenden Menschen zu vermitteln. Oft genug bin ich mürrisch und solch schwerwiegenden Hindernisse, wie ein sich an Verkehrsregeln haltender Vordermann auf der Straße, um-geschüttete Milch auf dem Frühstückstisch oder fehlende Unterhosen im Kleiderschrank, bringen mich an den Rand der Verzweiflung. Dies lasse ich meine Umgebung in aller Regel lautstark wissen, was dazu führen kann, dass der Tag mehr oder weniger gelaufen ist. Besonders schwierig wird es, wenn ich in meinen Rechten beschnitten werde (oder es zumindest so empfinde) und mein Stolz verletzt wird.

Wenn Jesus mir in so einer Situation anbietet, auf diese meine vermeintlichen Rechte zu verzichten, ärgert mich das zunächst. Gehorche ich aber seinem Gebot, befreit mich das von meiner Eigensucht – es befreit mit geradezu von mir selbst. Wie ich schon erwähnte, geht es nicht um positives Denken, sondern darum, dass mir Jesus durch sein Leiden an Karfreitag und seine Auferstehung an Ostern mir heute meine Schuld vergibt und die Kraft gibt, über mich selbst hinauszuwachsen. Nicht die Kraft meiner Gedanken – vielmehr seine Kraft, die sozusagen von „außen" an mich herantritt (oder von innen, je nach dem).

Dies zeigt mir, dass Gott da ist.

So scheint der Schatz manchmal voll Erde zu sein, so dass sein Glanz nicht erkennbar ist. Es gibt diese Momente, wo ich Gottes Nähe scheinbar mühelos erfahre und andere Zeiten, wo es meinen Willen kostet. Meinen Willen daran festzuhalten, dass ich mit meinem Pflug irgendwann wieder an dem Schatz hängen bleiben werde.

Was machen wir jetzt mit alle dem Geschriebenen?

Ich hoffe, dass Menschen die meine Zweifel nicht kennen, nun nicht verunsichert sind und weiter fröhlich ihren Glauben leben. Sollte ich jemand verwirrt haben, war dies nicht meine Absicht.

Weil ich aber glaube, dass manche an den selben Stellen hängenbleiben und vielleicht davor sind aufzugeben, hoffe und bete ich, dass dieses kleine Buch sie motiviert, weiter zu suchen und sich an dem festzuhalten, der ihr Leben trägt und bei dem sie aufgehoben sind – dranbleiben!

Buchempfehlungen und Quellen

Elberfelder Bibel - Standardausgabe
SCM R.Brockhaus

Bibel im Test
J. McDowell, Hänssler

Schadet die Bibelwissenschaft dem Glauben?
Klärung eines Konflikts
Siegfried Zimmer, Vandenhoeck & Ruprecht

Der König von Narnia
C.S. Lewis, Brendow

Jesus von Nazareth, Erster und Zweiter Teil
Joseph Ratzinger, Benedikt XVI., Herder

Evolution - ein kritisches Lehrbuch
R. Junker, S. Scherer, Weyel-Verlag Gießen

Commentary on the Old Testament
C. F. Keil and F. Delitzsch

New International Version
http://www.bibleserver.com

Die Logik der Forschung
Karl Popper, J.C.B. Mohr

Das Bilderbuch Gottes
Helmut Thielicke, Gütersloher Verlagshaus

Notizen

Notizen

Notizen

FSC
www.fsc.org
MIX
Papier | Fördert
gute Waldnutzung
FSC® C083411

Zeitfracht Medien GmbH
Ferdinand-Jühlke-Straße 7
99095 Erfurt, Deutschland
produktsicherheit@kolibri360.de